This Log Book Belongs To

Name: _____

Address: _____

Contact: _____

www.vanlifeadventure.com

Travel Index

Log	Date	Camp Location	Notes
1			
2			
3			
4			
5			
6			
7			
8			
9			
10			
11			
12			
13			
14			
15			
16			

Travel Index

Log	Date	Camp Location	Notes
17			
18			
19			
20			
21			
22			
23			
24			
25			
26			
27			
28			
29			
30			
31			
32			

Travel Index

Log	Date	Camp Location	Notes
65			
66			
67			
68			
69			
70			
71			
72			
73			
74			
75			
76			
77			
78			
79			
80			

Travel Index

Log	Date	Camp Location	Notes
81			
82			
83			
84			
85			
86			
87			
88			
89			
90			
91			
92			
93			
94			
95			
96			

Log | 1

Date: _____ Mileage: _____

Start Time: _____ End Time: _____

Start Point: _____

Finish Point: _____

Travelling With: _____

Travel Route: _____

Met Along The Way: _____

Expenses:

Camp

Name: _____

Location: _____

Details:

Travel Notes

Log 2 ☺

Date: _____ Mileage: _____

Start Time: _____ End Time: _____

Start Point: _____

Finish Point: _____

Travelling With: _____

Travel Route: _____

Met Along The Way: _____

Expenses:

Camp

Name: _____

Location: _____

Details:

Travel Notes

Log | 3 |

Date: _____   Mileage: _____

Start Time: _____   End Time: _____

Start Point: _____

Finish Point: _____

Travelling With: _____

Travel Route: _____

Met Along The Way: _____

Expenses:

Camp

Name: _____

Location: _____

Details:

Travel Notes

Log 4 ☺

Date: _____   Mileage: _____

Start Time: _____   End Time: _____

Start Point: _____

Finish Point: _____

Travelling With: _____

Travel Route: _____

Met Along The Way: _____

Expenses:

Camp

Name: _____

Location: _____

Details:

Travel Notes

Log   5   :·)

Date: _____ Mileage: _____

Start Time: _____ End Time: _____

Start Point: _____

Finish Point: _____

Travelling With: _____

Travel Route: _____

Met Along The Way: _____

Expenses:

Camp

Name: _____

Location: _____

Details:

Travel Notes

Log	6 

Date: _____   Mileage: _____

Start Time: _____   End Time: _____

Start Point: _____

Finish Point: _____

Travelling With: _____

Travel Route: _____

Met Along The Way: _____

Expenses:

Camp

Name: _____

Location: _____

Details:

Travel Notes

Log | 7 ☺

Date: _____ Mileage: _____

Start Time: _____ End Time: _____

Start Point: _____

Finish Point: _____

Travelling With: _____

Travel Route: _____

Met Along The Way: _____

Expenses:

Camp

Name: _____

Location: _____

Details:

Travel Notes

Log

8

Date: _____   Mileage: _____

Start Time: _____   End Time: _____

Start Point: _____

Finish Point: _____

Travelling With: _____

Travel Route: _____

Met Along The Way: _____

Expenses:

Camp

Name: _____

Location: _____

Details:

Travel Notes

Log

9

Date: _____ Mileage: _____

Start Time: _____ End Time: _____

Start Point: _____

Finish Point: _____

Travelling With: _____

Travel Route: _____

Met Along The Way: _____

Expenses:

Camp

Name: _____

Location: _____

Details:

Travel Notes

Log

10

Date: _____ Mileage: _____

Start Time: _____ End Time: _____

Start Point: _____

Finish Point: _____

Travelling With: _____

Travel Route: _____

Met Along The Way: _____

Expenses:

Camp

Name: _____

Location: _____

Details:

Travel Notes

Log   11   ☺

Date: _____   Mileage: _____

Start Time: _____   End Time: _____

Start Point: _____

Finish Point: _____

Travelling With: _____

Travel Route: _____

Met Along The Way: _____

Expenses:

Camp

Name: _____

Location: _____

Details:

Travel Notes

Log

12

Date: _____	Mileage: _____

Start Time: _____	End Time: _____

Start Point: _____

Finish Point: _____

Travelling With: _____

Travel Route: _____

Met Along The Way: _____

Expenses:

Camp

Name: _____

Location: _____

Details:

Travel Notes

Log 13 ☺

Date: _____ Mileage: _____

Start Time: _____ End Time: _____

Start Point: _____

Finish Point: _____

Travelling With: _____

Travel Route: _____

Met Along The Way: _____

Expenses:

Camp

Name: _____

Location: _____

Details:

Travel Notes

Log 14 ☺

Date: _____ Mileage: _____

Start Time: _____ End Time: _____

Start Point: _____

Finish Point: _____

Travelling With: _____

Travel Route: _____

Met Along The Way: _____

Expenses:

Camp

Name: _____

Location: _____

Details:

Travel Notes

Log

15

Date: _____   Mileage: _____

Start Time: _____   End Time: _____

Start Point: _____

Finish Point: _____

Travelling With: _____

Travel Route: _____

Met Along The Way: _____

Expenses:

Camp

Name: _____

Location: _____

Details:

Travel Notes

Log

16

Date: _____ Mileage: _____

Start Time: _____ End Time: _____

Start Point: _____

Finish Point: _____

Travelling With: _____

Travel Route: _____

Met Along The Way: _____

Expenses:

Camp

Name: _____

Location: _____

Details:

Travel Notes

Log

17

Date: _____ Mileage: _____

Start Time: _____ End Time: _____

Start Point: _____

Finish Point: _____

Travelling With: _____

Travel Route: _____

Met Along The Way: _____

Expenses:

Camp

Name: _____

Location: _____

Details:

Travel Notes

Log

18

Date: _____ Mileage: _____

Start Time: _____ End Time: _____

Start Point: _____

Finish Point: _____

Travelling With: _____

Travel Route: _____

Met Along The Way: _____

Expenses:

Camp

Name: _____

Location: _____

Details:

Travel Notes

Log   19

Date: _____ Mileage: _____

Start Time: _____ End Time: _____

Start Point: _____

Finish Point: _____

Travelling With: _____

Travel Route: _____

Met Along The Way: _____

Expenses:

Camp

Name: _____

Location: _____

Details:

Travel Notes

Log

20

Date: _____ Mileage: _____

Start Time: _____ End Time: _____

Start Point: _____

Finish Point: _____

Travelling With: _____

Travel Route: _____

Met Along The Way: _____

Expenses:

Camp

Name: _____

Location: _____

Details:

Travel Notes

Log

21

Date: _____ Mileage: _____

Start Time: _____ End Time: _____

Start Point: _____

Finish Point: _____

Travelling With: _____

Travel Route: _____

Met Along The Way: _____

Expenses:

Camp

Name: _____

Location: _____

Details:

Travel Notes

Log 22

Date: _____ Mileage: _____

Start Time: _____ End Time: _____

Start Point: _____

Finish Point: _____

Travelling With: _____

Travel Route: _____

Met Along The Way: _____

Expenses:

Camp

Name: _____

Location: _____

Details:

Travel Notes

Log 23

Date: _____ Mileage: _____

Start Time: _____ End Time: _____

Start Point: _____

Finish Point: _____

Travelling With: _____

Travel Route: _____

Met Along The Way: _____

Expenses:

Camp

Name: _____

Location: _____

Details:

Travel Notes

Log

24 :-)

Date: _____ Mileage: _____

Start Time: _____ End Time: _____

Start Point: _____

Finish Point: _____

Travelling With: _____

Travel Route: _____

Met Along The Way: _____

Expenses:

Camp

Name: _____

Location: _____

Details:

Travel Notes

Log

25

Date: _____ Mileage: _____

Start Time: _____ End Time: _____

Start Point: _____

Finish Point: _____

Travelling With: _____

Travel Route: _____

Met Along The Way: _____

Expenses:

Camp

Name: _____

Location: _____

Details:

Travel Notes

Log   26   :·)

Date: _____   Mileage: _____

Start Time: _____   End Time: _____

Start Point: _____

Finish Point: _____

Travelling With: _____

Travel Route: _____

Met Along The Way: _____

Expenses:

Camp

Name: _____

Location: _____

Details:

Travel Notes

Log | 27 | ☺

Date: _____ Mileage: _____

Start Time: _____ End Time: _____

Start Point: _____

Finish Point: _____

Travelling With: _____

Travel Route: _____

Met Along The Way: _____

Expenses:

Camp

Name: _____

Location: _____

Details:

Travel Notes

Log 28

Date: _____ Mileage: _____

Start Time: _____ End Time: _____

Start Point: _____

Finish Point: _____

Travelling With: _____

Travel Route: _____

Met Along The Way: _____

Expenses: _____

Camp

Name: _____

Location: _____

Details: _____

Travel Notes

Log | 29 |

Date: _____ Mileage: _____

Start Time: _____ End Time: _____

Start Point: _____

Finish Point: _____

Travelling With: _____

Travel Route: _____

Met Along The Way: _____

Expenses:

Camp

Name: _____

Location: _____

Details:

Travel Notes

Log
30 ☺

Date: _____ Mileage: _____

Start Time: _____ End Time: _____

Start Point: _____

Finish Point: _____

Travelling With: _____

Travel Route: _____

Met Along The Way: _____

Expenses:

Camp

Name: _____

Location: _____

Details:

Travel Notes

Log | 31 | ☺

Date: _____ Mileage: _____

Start Time: _____ End Time: _____

Start Point: _____

Finish Point: _____

Travelling With: _____

Travel Route: _____

Met Along The Way: _____

Expenses:

Camp

Name: _____

Location: _____

Details:

Travel Notes

Log | 32 | ☺

Date: _____   Mileage: _____

Start Time: _____   End Time: _____

Start Point: _____

Finish Point: _____

Travelling With: _____

Travel Route: _____

Met Along The Way: _____

Expenses:

Camp

Name: _____

Location: _____

Details:

Travel Notes

Log   33 ☺

Date: _____ Mileage: _____

Start Time: _____ End Time: _____

Start Point: _____

Finish Point: _____

Travelling With: _____

Travel Route: _____

Met Along The Way: _____

Expenses:

Camp

Name: _____

Location: _____

Details:

Travel Notes

Log

34 ☺

Date: _____ Mileage: _____

Start Time: _____ End Time: _____

Start Point: _____

Finish Point: _____

Travelling With: _____

Travel Route: _____

Met Along The Way: _____

Expenses:

Camp

Name: _____

Location: _____

Details:

Travel Notes

Log

35 ☺

Date: _____ Mileage: _____

Start Time: _____ End Time: _____

Start Point: _____

Finish Point: _____

Travelling With: _____

Travel Route: _____

Met Along The Way: _____

Expenses:

Camp

Name: _____

Location: _____

Details:

Travel Notes

Log

36

Date: _____ Mileage: _____

Start Time: _____ End Time: _____

Start Point: _____

Finish Point: _____

Travelling With: _____

Travel Route: _____

Met Along The Way: _____

Expenses:

Camp

Name: _____

Location: _____

Details:

Travel Notes

Log   37 ☺

Date: _____ Mileage: _____

Start Time: _____ End Time: _____

Start Point: _____

Finish Point: _____

Travelling With: _____

Travel Route: _____

Met Along The Way: _____

Expenses:

Camp

Name: _____

Location: _____

Details:

Travel Notes

Log

38

Date: _____ Mileage: _____

Start Time: _____ End Time: _____

Start Point: _____

Finish Point: _____

Travelling With: _____

Travel Route: _____

Met Along The Way: _____

Expenses:

Camp

Name: _____

Location: _____

Details:

Travel Notes

Log 39

Date: _____ Mileage: _____

Start Time: _____ End Time: _____

Start Point: _____

Finish Point: _____

Travelling With: _____

Travel Route: _____

Met Along The Way: _____

Expenses:

Camp

Name: _____

Location: _____

Details:

Travel Notes

| Log | 40 | 🙂 |

Date: _____ Mileage: _____

Start Time: _____ End Time: _____

Start Point: _____

Finish Point: _____

Travelling With: _____

Travel Route: _____

Met Along The Way: _____

Expenses:

Camp

Name: _____

Location: _____

Details:

Travel Notes

Log

41

Date: _____ Mileage: _____

Start Time: _____ End Time: _____

Start Point: _____

Finish Point: _____

Travelling With: _____

Travel Route: _____

Met Along The Way: _____

Expenses:

Camp

Name: _____

Location: _____

Details:

Travel Notes

Log 42 :)

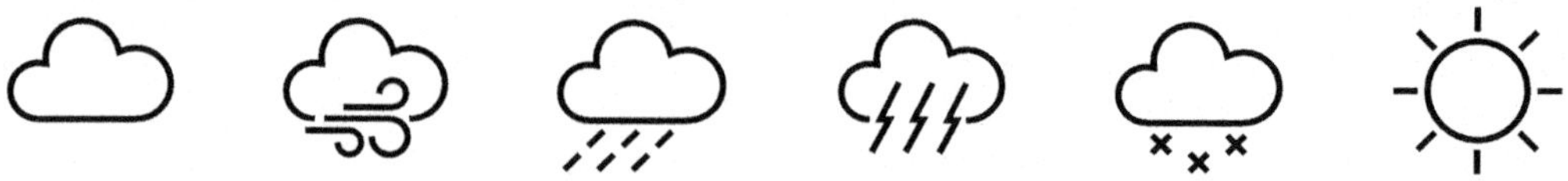

Date: _____ Mileage: _____

Start Time: _____ End Time: _____

Start Point: _____

Finish Point: _____

Travelling With: _____

Travel Route: _____

Met Along The Way: _____

Expenses:

Camp

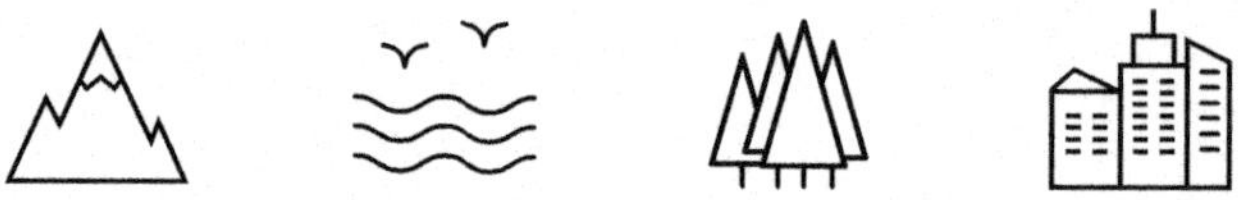

Name: _____

Location: _____

Details:

Travel Notes

Log

43 ☺

Date: _____ Mileage: _____

Start Time: _____ End Time: _____

Start Point: _____

Finish Point: _____

Travelling With: _____

Travel Route: _____

Met Along The Way: _____

Expenses:

Camp

Name: _____

Location: _____

Details:

Travel Notes

Log | 44 ☺

Date: _____ Mileage: _____

Start Time: _____ End Time: _____

Start Point: _____

Finish Point: _____

Travelling With: _____

Travel Route: _____

Met Along The Way: _____

Expenses:

Camp

Name: _____

Location: _____

Details:

Travel Notes

Log

45 ☺

Date: _____ Mileage: _____

Start Time: _____ End Time: _____

Start Point: _____

Finish Point: _____

Travelling With: _____

Travel Route: _____

Met Along The Way: _____

Expenses:

Camp

Name: _____

Location: _____

Details:

Travel Notes

Log 46

Date: _____ Mileage: _____

Start Time: _____ End Time: _____

Start Point: _____

Finish Point: _____

Travelling With: _____

Travel Route: _____

Met Along The Way: _____

Expenses:

Camp

Name: _____

Location: _____

Details:

Travel Notes

Log

47

Date:

Mileage:

Start Time:

End Time:

Start Point:

Finish Point:

Travelling With:

Travel Route:

Met Along The Way:

Expenses:

Camp

Name:

Location:

Details:

Travel Notes

Log

48

Date:

Mileage:

Start Time:

End Time:

Start Point:

Finish Point:

Travelling With:

Travel Route:

Met Along The Way:

Expenses:

Camp

Name:

Location:

Details:

Travel Notes

Log   49 ☺

Date: _____   Mileage: _____

Start Time: _____   End Time: _____

Start Point: _____

Finish Point: _____

Travelling With: _____

Travel Route: _____

Met Along The Way: _____

Expenses:

Camp

Name: _____

Location: _____

Details:

Travel Notes

Log

50 ☺

Date:
Mileage:
Start Time:
End Time:
Start Point:
Finish Point:
Travelling With:
Travel Route:
Met Along The Way:
Expenses:

Camp

Name:
Location:
Details:

Travel Notes

Log

51

Date:

Mileage:

Start Time:

End Time:

Start Point:

Finish Point:

Travelling With:

Travel Route:

Met Along The Way:

Expenses:

Camp

Name:

Location:

Details:

Travel Notes

Log

52 ☺

Date: _____ Mileage: _____

Start Time: _____ End Time: _____

Start Point: _____

Finish Point: _____

Travelling With: _____

Travel Route: _____

Met Along The Way: _____

Expenses:

Camp

Name: _____

Location: _____

Details:

Travel Notes

Log 53 ☺

Date: _____ Mileage: _____

Start Time: _____ End Time: _____

Start Point: _____

Finish Point: _____

Travelling With: _____

Travel Route: _____

Met Along The Way: _____

Expenses:

Camp

Name: _____

Location: _____

Details:

Travel Notes

Log 54 :·)

Date: _____ Mileage: _____

Start Time: _____ End Time: _____

Start Point: _____

Finish Point: _____

Travelling With: _____

Travel Route: _____

Met Along The Way: _____

Expenses:

Camp

Name: _____

Location: _____

Details:

Travel Notes

Log 55 :・)

Date: _____ Mileage: _____

Start Time: _____ End Time: _____

Start Point: _____

Finish Point: _____

Travelling With: _____

Travel Route: _____

Met Along The Way: _____

Expenses:

Camp

Name: _____

Location: _____

Details:

Travel Notes

Log 56

Date: _____ Mileage: _____

Start Time: _____ End Time: _____

Start Point: _____

Finish Point: _____

Travelling With: _____

Travel Route: _____

Met Along The Way: _____

Expenses:

Camp

Name: _____

Location: _____

Details:

Travel Notes

Log   57

Date: _____ Mileage: _____

Start Time: _____ End Time: _____

Start Point: _____

Finish Point: _____

Travelling With: _____

Travel Route: _____

Met Along The Way: _____

Expenses:

Camp

Name: _____

Location: _____

Details:

Travel Notes

Log

58

Date: _____ Mileage: _____

Start Time: _____ End Time: _____

Start Point: _____

Finish Point: _____

Travelling With: _____

Travel Route: _____

Met Along The Way: _____

Expenses:

Camp

Name: _____

Location: _____

Details:

Travel Notes

Log 59

Date: _____ Mileage: _____

Start Time: _____ End Time: _____

Start Point: _____

Finish Point: _____

Travelling With: _____

Travel Route: _____

Met Along The Way: _____

Expenses:

Camp

Name: _____

Location: _____

Details:

Travel Notes

Log

60

Date: _____ Mileage: _____

Start Time: _____ End Time: _____

Start Point: _____

Finish Point: _____

Travelling With: _____

Travel Route: _____

Met Along The Way: _____

Expenses:

Camp

Name: _____

Location: _____

Details:

Travel Notes

Log   61 ☺

Date: _____   Mileage: _____

Start Time: _____   End Time: _____

Start Point: _____

Finish Point: _____

Travelling With: _____

Travel Route: _____

Met Along The Way: _____

Expenses:

Camp

Name: _____

Location: _____

Details:

Travel Notes

Log

62 ☺

Date: _____ Mileage: _____

Start Time: _____ End Time: _____

Start Point: _____

Finish Point: _____

Travelling With: _____

Travel Route: _____

Met Along The Way: _____

Expenses:

Camp

Name: _____

Location: _____

Details:

Travel Notes

Log

63

Date:

Mileage:

Start Time:

End Time:

Start Point:

Finish Point:

Travelling With:

Travel Route:

Met Along The Way:

Expenses:

Camp

Name:

Location:

Details:

Travel Notes

Log

64

Date: _____ Mileage: _____

Start Time: _____ End Time: _____

Start Point: _____

Finish Point: _____

Travelling With: _____

Travel Route: _____

Met Along The Way: _____

Expenses:

Camp

Name: _____

Location: _____

Details:

Travel Notes

Log

65 ☺

Date: _____ Mileage: _____

Start Time: _____ End Time: _____

Start Point: _____

Finish Point: _____

Travelling With: _____

Travel Route: _____

Met Along The Way: _____

Expenses:

Camp

Name: _____

Location: _____

Details:

Travel Notes

Log | 66 | ☺

Date: _____ Mileage: _____

Start Time: _____ End Time: _____

Start Point: _____

Finish Point: _____

Travelling With: _____

Travel Route: _____

Met Along The Way: _____

Expenses:

Camp

Name: _____

Location: _____

Details:

Travel Notes

Log 67

Date: _____ Mileage: _____

Start Time: _____ End Time: _____

Start Point: _____

Finish Point: _____

Travelling With: _____

Travel Route: _____

Met Along The Way: _____

Expenses:

Camp

Name: _____

Location: _____

Details:

Travel Notes

Log   68   ☺

Date: _____   Mileage: _____

Start Time: _____   End Time: _____

Start Point: _____

Finish Point: _____

Travelling With: _____

Travel Route: _____

Met Along The Way: _____

Expenses:

Camp

Name: _____

Location: _____

Details:

Travel Notes

Log

69 ☺

Date: _____ Mileage: _____

Start Time: _____ End Time: _____

Start Point: _____

Finish Point: _____

Travelling With: _____

Travel Route: _____

Met Along The Way: _____

Expenses:

Camp

Name: _____

Location: _____

Details:

Travel Notes

Log   70 ☺

Date: _____ Mileage: _____

Start Time: _____ End Time: _____

Start Point: _____

Finish Point: _____

Travelling With: _____

Travel Route: _____

Met Along The Way: _____

Expenses:

Camp

Name: _____

Location: _____

Details:

Travel Notes

Log | 71

Date: _____ Mileage: _____

Start Time: _____ End Time: _____

Start Point: _____

Finish Point: _____

Travelling With: _____

Travel Route: _____

Met Along The Way: _____

Expenses:

Camp

Name: _____

Location: _____

Details:

Travel Notes

Log
72

Date: _____ Mileage: _____

Start Time: _____ End Time: _____

Start Point: _____

Finish Point: _____

Travelling With: _____

Travel Route: _____

Met Along The Way: _____

Expenses:

Camp

Name: _____

Location: _____

Details:

Travel Notes

Log | 73 | ☺

Date: _____ Mileage: _____

Start Time: _____ End Time: _____

Start Point: _____

Finish Point: _____

Travelling With: _____

Travel Route: _____

Met Along The Way: _____

Expenses:

Camp

Name: _____

Location: _____

Details:

Travel Notes

Log

74

Date:
Mileage:
Start Time:
End Time:
Start Point:
Finish Point:
Travelling With:
Travel Route:
Met Along The Way:
Expenses:

Camp

Name:
Location:
Details:

Travel Notes

Log | 75 | ☺

Date: _____ Mileage: _____

Start Time: _____ End Time: _____

Start Point: _____

Finish Point: _____

Travelling With: _____

Travel Route: _____

Met Along The Way: _____

Expenses:

Camp

Name: _____

Location: _____

Details:

Travel Notes

Log | 76 | ☺

Date: _____ Mileage: _____

Start Time: _____ End Time: _____

Start Point: _____

Finish Point: _____

Travelling With: _____

Travel Route: _____

Met Along The Way: _____

Expenses:

Camp

Name: _____

Location: _____

Details:

Travel Notes

Log 77 ☺

Date: _____ Mileage: _____

Start Time: _____ End Time: _____

Start Point: _____

Finish Point: _____

Travelling With: _____

Travel Route: _____

Met Along The Way: _____

Expenses:

Camp

Name: _____

Location: _____

Details:

Travel Notes

Log　　　　　　　　　　　　　78　☺

Date: _____　　Mileage: _____

Start Time: _____　　End Time: _____

Start Point: _____

Finish Point: _____

Travelling With: _____

Travel Route: _____

Met Along The Way: _____

Expenses:

Camp

Name: _____

Location: _____

Details:

Travel Notes

Log | 79 |

Date: _____ Mileage: _____

Start Time: _____ End Time: _____

Start Point: _____

Finish Point: _____

Travelling With: _____

Travel Route: _____

Met Along The Way: _____

Expenses:

Camp

Name: _____

Location: _____

Details:

Travel Notes

Log   80 :)

Date: _____   Mileage: _____

Start Time: _____   End Time: _____

Start Point: _____

Finish Point: _____

Travelling With: _____

Travel Route: _____

Met Along The Way: _____

Expenses:

Camp

Name: _____

Location: _____

Details:

Travel Notes

Log   81 ☺

Date: _____ Mileage: _____

Start Time: _____ End Time: _____

Start Point: _____

Finish Point: _____

Travelling With: _____

Travel Route: _____

Met Along The Way: _____

Expenses:

Camp

Name: _____

Location: _____

Details:

Travel Notes

Log   82

Date: _____ Mileage: _____

Start Time: _____ End Time: _____

Start Point: _____

Finish Point: _____

Travelling With: _____

Travel Route: _____

Met Along The Way: _____

Expenses:

Camp

Name: _____

Location: _____

Details:

Travel Notes

Log   83

Date:

Mileage:

Start Time:

End Time:

Start Point:

Finish Point:

Travelling With:

Travel Route:

Met Along The Way:

Expenses:

Camp

Name:

Location:

Details:

Travel Notes

Log

84

Date: _____ Mileage: _____

Start Time: _____ End Time: _____

Start Point: _____

Finish Point: _____

Travelling With: _____

Travel Route: _____

Met Along The Way: _____

Expenses: _____

Camp

Name: _____

Location: _____

Details: _____

Travel Notes

Log   85

Date: _____   Mileage: _____

Start Time: _____   End Time: _____

Start Point: _____

Finish Point: _____

Travelling With: _____

Travel Route: _____

Met Along The Way: _____

Expenses:

Camp

Name: _____

Location: _____

Details:

Travel Notes

Log

86

Date: _____ Mileage: _____

Start Time: _____ End Time: _____

Start Point: _____

Finish Point: _____

Travelling With: _____

Travel Route: _____

Met Along The Way: _____

Expenses:

Camp

Name: _____

Location: _____

Details:

Travel Notes

Log 87

Date: _____   Mileage: _____

Start Time: _____   End Time: _____

Start Point: _____

Finish Point: _____

Travelling With: _____

Travel Route: _____

Met Along The Way: _____

Expenses:

Camp

Name: _____

Location: _____

Details:

Travel Notes

Log   88 ☺

Date: _____   Mileage: _____

Start Time: _____   End Time: _____

Start Point: _____

Finish Point: _____

Travelling With: _____

Travel Route: _____

Met Along The Way: _____

Expenses:

Camp

Name: _____

Location: _____

Details:

Travel Notes

Log   89 ☺

Date: _____   Mileage: _____

Start Time: _____   End Time: _____

Start Point: _____

Finish Point: _____

Travelling With: _____

Travel Route: _____

Met Along The Way: _____

Expenses:

Camp

Name: _____

Location: _____

Details:

Travel Notes

Log

90

Date: _____ Mileage: _____

Start Time: _____ End Time: _____

Start Point: _____

Finish Point: _____

Travelling With: _____

Travel Route: _____

Met Along The Way: _____

Expenses:

Camp

Name: _____

Location: _____

Details:

Travel Notes

Log | 91

Date: _____ Mileage: _____

Start Time: _____ End Time: _____

Start Point: _____

Finish Point: _____

Travelling With: _____

Travel Route: _____

Met Along The Way: _____

Expenses:

Camp

Name: _____

Location: _____

Details:

Travel Notes

Log

92

Date: _____ Mileage: _____

Start Time: _____ End Time: _____

Start Point: _____

Finish Point: _____

Travelling With: _____

Travel Route: _____

Met Along The Way: _____

Expenses:

Camp

Name: _____

Location: _____

Details:

Travel Notes

Log 93

Date: _____ Mileage: _____

Start Time: _____ End Time: _____

Start Point: _____

Finish Point: _____

Travelling With: _____

Travel Route: _____

Met Along The Way: _____

Expenses:

Camp

Name: _____

Location: _____

Details:

Travel Notes

Log | 94

Date: _____ Mileage: _____

Start Time: _____ End Time: _____

Start Point: _____

Finish Point: _____

Travelling With: _____

Travel Route: _____

Met Along The Way: _____

Expenses:

Camp

Name: _____

Location: _____

Details:

Travel Notes

Log | 95 🙂

Date: _____ Mileage: _____

Start Time: _____ End Time: _____

Start Point: _____

Finish Point: _____

Travelling With: _____

Travel Route: _____

Met Along The Way: _____

Expenses:

Camp

Name: _____

Location: _____

Details:

Travel Notes

Log 96 :)

Date: _____ Mileage: _____

Start Time: _____ End Time: _____

Start Point: _____

Finish Point: _____

Travelling With: _____

Travel Route: _____

Met Along The Way: _____

Expenses:

Camp

Name: _____

Location: _____

Details:

Travel Notes

EUROPE

SWEDEN
FINLAND
NORWAY
ESTONIA
LATVIA
DENMARK
LITHUANIA
THERLANDS
BELARUS
POLAND
GERMANY
ELGIUM
UKRAINE
CZECH REP.
SLOVAKIA
MOLDOVA
AUSTRIA
HUNGARY
SWITZERLAND
ROMANIA
SLOVENIA
CROATIA
ITALY
BOS. &
HER
SERBIA
BULGARIA
MONT
KOS
MACEDONIA
ALB
GREECE

UNITED STATES OF AMERICA

NEW HAMPSHIRE
VERMONT
MAINE
MAS
WISCONSIN
MINNESOTA
MICHIGAN
NEW YORK
RH.IS
CON
IOWA
PENNSYLVANIA
NEW JERSEY
INDIANA
OHIO
ILLINOIS
WEST VIRGINIA
MARYLAND
DELAWARE
VIRGINIA
MISSOURI
KENTUCKY
NORTH CAROLINA
TENNESSEE
ARKANSAS
SOUTH CAROLINA
ALABAMA
GEORGIA
MISSISSIPPI
LOUISIANA
FLORIDA

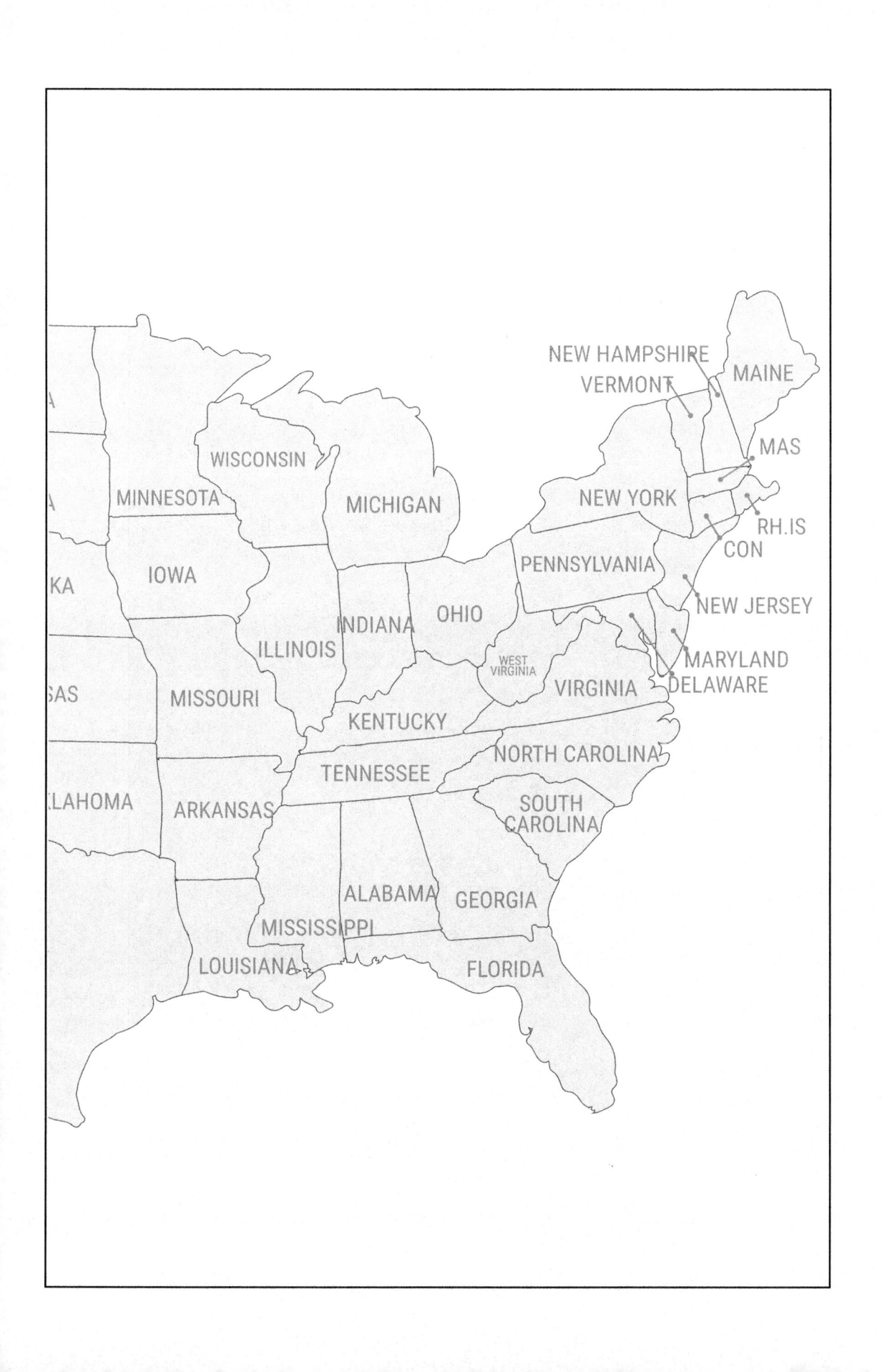

Share Your Adventure

www.vanlifeadventure.com

Printed in Great Britain
by Amazon